NATIONAL
GEOGRAPHIC

Peldaños

El explorador Zoltan Takacs:
LA NATURALEZA
TIENE LAS
RESPUESTAS

LAS SERPIENTES MÁS PELIGROSAS DEL MUNDO

por Suzanne Sherman

¿Qué depredadores feroces pueden abatir presas muchas veces más grandes que ellos sin usar brazos ni piernas? ¡Las serpientes! Estos reptiles se tragan su comida entera. Según la especie de serpiente, esa comida puede ser peces, una rana o incluso un antílope. ¿Cómo lo hacen las serpientes? Algunas especies usan músculos fuertes para rodear y sofocar a presas grandes. Otras usan un líquido tóxico llamado **veneno.** Una mordida de una serpiente venenosa puede abatir a un animal grande o rápido en un instante.

Aunque la mayoría de las serpientes evitan a la gente, millones de personas reciben mordidas cada año en todo el mundo. Las especies venenosas que producen la mayoría de las mordidas y las muertes forman parte de la lista de serpientes "más peligrosas". Otras se mencionan por el poder de su veneno.

Distribución y hábitat: Sabana africana

Blancos del veneno: Sistemas circulatorio y nervioso

Presas: Roedores

MAMBA NEGRA

Dendroaspis polylepsis

La mamba negra es gris o aceitunada con abdomen de color claro y boca negra. Esta serpiente usa su veneno sumamente tóxico y de acción rápida para atacar roedores rápidos. El veneno hace que su mordida esté entre las más peligrosas.

TAIPÁN DEL INTERIOR

Axyuranus microlepidotus

El taipán del interior también se llama "serpiente feroz". Aunque se ignora que muerda a las personas, el taipán del interior tiene el veneno más tóxico de las serpientes de tierra. El veneno de una mordida puede matar a 220,000 ratones. Es muy poco común encontrar a esta serpiente debido a su hábitat remoto.

Distribución y hábitat: Llanuras centrales australianas

Blancos del veneno: Sistema nervioso, músculos, sangre

Presas: Roedores

BÚNGARO COMÚN DE LA INDIA

Bungarus caeruleus

El búngaro común de la India es tímido durante el día y activo de noche. Esta aterradora cazadora nocturna entra en las casas y muerde a las personas mientras duermen. La mordida es indolora, por lo tanto, las personas quizá ni se enteren de que las han mordido. Pueden despertarse paralizadas o ni siquiera despertarse. Esta serpiente causa muchas muertes en el Sudeste Asiático, donde muchas personas duermen en colchonetas en el piso.

Distribución y hábitat: Tierras bajas de Asia

Blancos del veneno: Sistema nervioso

Presas: Serpientes y a veces otros animales pequeños

SERPIENTE MARINA DE PICO

Enhydrina schistosa

La serpiente marina de pico es uno de los animales acuáticos más peligrosos. El veneno potente de esta serpiente paraliza a su presa (en este caso un pez globo) antes de que pueda escapar. Esta serpiente peligrosa causa muchas mordidas marinas fatales, especialmente entre las personas que pescan en su hábitat de aguas turbias.

Distribución y hábitat: Estuarios de los océanos Índico y Pacífico

Blancos del veneno: Sistema nervioso, músculos

Presas: Peces globo y bagres

VENENOSO, NO TÓXICO

¿*Venenoso* y *tóxico* es lo mismo? En realidad, no. Los animales venenosos inyectan sustancias dañinas, o toxinas, directamente en sus víctimas cuando las muerden o las aguijonean. Se debe comer o tocar a las plantas y los animales tóxicos para que produzcan daño.

PRODUCIR UN ANTÍDOTO

En lugares con buena asistencia médica, las víctimas de las mordidas pueden recibir un antídoto. El antídoto neutraliza los efectos del veneno y puede significar la diferencia entre la vida y la muerte. El antídoto está disponible para la mayoría de las especies de serpientes más peligrosas, pero hay escasez en todo el mundo.

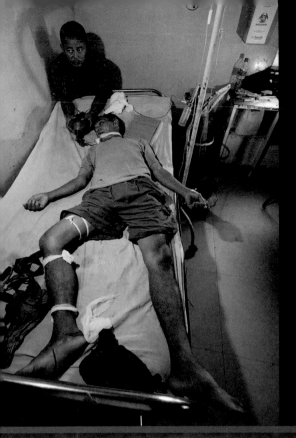

< Un hombre está paralizado después de ser mordido por una cobra en el área rural de Nepal. Allí no hay antídoto disponible. Para mantenerlo vivo, se debe bombear aire a mano hacia sus pulmones.

VÍBORA DE ALFOMBRA

Echis carinatus

Es imposible determinar la serpiente "más peligrosa" porque hay diferentes maneras de definir "peligroso". Pero la víbora de alfombra tiene una calificación alta en cuanto a peligrosidad. Esta serpiente a veces yace parcialmente enterrada en la arena en espera de su presa. Esta conducta hace que sea fácil pisarla, especialmente de noche. Las víboras de alfombra causan más muertes humanas que ninguna otra serpiente.

Distribución y hábitat:
Desiertos de Oriente Medio y Asia Central

Blancos del veneno:
Glóbulos sanguíneos

Presas: Diversas

CÓMO HACER ANTÍDOTO

1. Se "ordeña" el veneno de una serpiente. Para hacer esto, se le da un frasco para que muerda. El veneno gotea de sus colmillos dentro del frasco.

2. El veneno se liofiliza para almacenarlo y transportarlo.

3. Se inyecta una pequeña cantidad de veneno a un animal grande, como un caballo.

4. El caballo tiene una respuesta inmunológica al veneno que produce sustancias en su sangre que se extraen y se usan para hacer el antídoto.

Distribución y hábitat: Bosques y llanuras asiáticas

Blancos del veneno: Sistema nervioso

Presas: Principalmente serpientes

COBRA REAL

Ophiophagus hannah

Con una extensión de hasta cinco metros y medio de largo (casi 18 pies), la cobra real es la serpiente venenosa más grande. Esta serpiente tan peligrosa libera suficiente veneno en una mordida como para matar un elefante. Cuando se siente amenazada, la cobra real abre su boca. Las cobras reales viven en las profundidades de los bosques, lejos de los seres humanos.

SERPIENTE DE CASCABEL TIGRE

Crotalus tigris

Las serpientes de cascabel son víboras venenosas que se encuentran solo en las Américas. Se cree que la serpiente de cascabel tigre es la más potente de todas las serpientes de cascabel. Los cascabeles de la serpiente son segmentos duros y vacíos hechos del mismo material que las uñas. Cuando se sacuden, los segmentos se golpean entre sí y hacen ruido. El mensaje de la serpiente de cascabel es: "¡aléjate!".

Distribución y hábitat:
Desiertos y laderas del sudoeste de Norteamérica

Blancos del veneno:
Sistema nervioso

Presas: Roedores y reptiles pequeños

Distribución y hábitat:
Principalmente pastizales de Asia

Blancos del veneno:
Sistema nervioso, glóbulos sanguíneos y músculos

Presas: Roedores

VÍBORA DE RUSSELL

Daboia russelii

Cada mordida de la víbora de Russell inyecta una gran cantidad de potente veneno. Como esta víbora come roedores, generalmente vive cerca de los seres humanos y en arrozales. Junto con los búngaros y las cobras, es una de las principales causantes de muertes por mordedura de serpiente en el Sudeste Asiático.

CÓMO FUNCIONAN LOS COLMILLOS

conducto venenoso

orificio nasal

Las víboras tienen los colmillos más largos que cualquier serpiente venenosa. Pueden plegarlos y guardarlos cuando no los usan.

El veneno se produce y se guarda en dos glándulas venenosas dentro de las mejillas. Cuando la serpiente muerde, los músculos que rodean las glándulas se comprimen y liberan el veneno a través de los conductos venenosos hacia los colmillos.

canal venenoso

El veneno pasa por los canales venenosos hasta los colmillos. Los colmillos de la cobra y de la víbora son acanalados o huecos. Esto permite que el veneno fluya hasta la punta y se inyecte profundamente en su presa.

lengua

Las mandíbulas de las serpientes no están fusionadas. Esto permite que su boca se abra lo suficiente para poder tragar alimentos más grandes que su propia cabeza.

Un tubo llamado glotis les permite a las serpientes respirar cuando tienen la boca llena con una presa.

Compruébalo ¿Qué ventajas tienen las serpientes venenosas sobre otras especies de serpientes?

Cacería de serpientes

por Suzanne Sherman

ZOLTAN TAKACS es un explorador de National Geographic, herpetólogo y toxinólogo. Es un científico que estudia los **venenos** de los animales, especialmente el de las serpientes. La pasión de Zoltan por las serpientes lo ha llevado a aventuras en 138 países distintos. Ha aparecido en varias revistas y programas de televisión.

Mientras regula el motor en su pequeño bote, Zoltan Takacs examina las aguas del océano Pacífico sur en busca de serpientes marinas peligrosas. Zoltan viaja por el mundo en busca de serpientes venenosas. Va a bucear en aguas infestadas de tiburones, a caminar a través de bosques tropicales y a acampar en desiertos. Reúne muestras de veneno de tantas especies como es posible. Lleva las muestras de vuelta a su laboratorio, donde pueden ayudar a los científicos a crear medicamentos que salven vidas.

Zoltan combina su experiencia con los conocimientos locales para encontrar serpientes. Como todos los reptiles, las serpientes marinas necesitan respirar aire. Las serpientes marinas son comunes aquí, así que alguna saldrá a la superficie en algún momento a respirar.

Con guantes protectores gruesos ya sobre sus manos, Zoltan está listo para hacer un movimiento. De repente, ve una línea tenue que se mueve bajo la superficie del agua: ¡una serpiente! Zoltan salta en el agua. En segundos, saca una serpiente del agua con una mano. ¡Pronto, saca dos serpientes más con su otra mano! Nada con cuidado, las lleva a su bote y las coloca en una bolsa.

De vuelta en la costa, Zoltan saca una serpiente blanca y negra de la bolsa. Es un búngaro de labios amarillos, una serpiente que vive en el océano pero que pone huevos en la tierra. Esta serpiente posee uno de los venenos más exóticos que se conoce. Esta especie casi nunca muerde, pero Zoltan tiene mucho cuidado con este animal altamente venenoso. Es completamente conciente del peligro de su trabajo. Tres de sus amigos han muerto por mordeduras de serpientes.

Las serpientes son más peligrosas para Zoltan que para otras personas porque es alérgico a su veneno y al **antídoto** que salva vidas.

Zoltan agarra el búngaro marino con un palo y sostiene su cabeza contra el suelo. Luego, aferra la parte trasera de la cabeza de la serpiente con su propia mano. Sus dedos están protegidos aunque están a pocos milímetros de los colmillos mortíferos de la serpiente.

Zoltan suele viajar solo. Lleva solamente una mochila con equipo de campismo, una cámara y un equipo de recolección de muestras.

Con guantes gruesos, Zoltan intenta agarrar una serpiente marina venenosa.

Zoltan sostiene la cabeza de un búngaro marino con cuidado mientras obtiene una muestra de sangre.

Antes de liberar a la serpiente, Zoltan debe obtener una muestra de tejido, como una glándula venenosa o sangre. El tejido contiene el **ADN** o las instrucciones químicas del cuerpo para producir **toxinas**. Las toxinas son sustancias dañinas que se encuentran en el veneno de la serpiente. Sorprendentemente, las toxinas también pueden llevar a desarrollar nuevos medicamentos. Ya hay aproximadamente una docena de medicamentos basados en toxinas de venenos de animales. Con más de 100,000 especies venenosas en el mundo que nos rodea, Zoltan cree que muchos medicamentos más son posibles.

Para obtener una muestra de sangre, Zoltan ubica el corazón de la serpiente. Inserta una aguja y extrae unas cuantas gotas de sangre. Luego, libera la serpiente de vuelta en el océano sin causarle daño.

Zoltan se entusiasma por volver al laboratorio a analizar la muestra. Las toxinas que reunió hoy pueden salvar vidas mañana.

Compruébalo ¿Por qué Zoltan reúne muestras de sangre de las serpientes venenosas?

GÉNERO Entrevista **Lee para descubrir** sobre el trabajo de un científico en toxinas.

Zoltan Takac

TOXINÓLOGO

por Suzanne Sherman

S:

Un científico puede **idear nuevas moléculas,** volar en su propio avión y **sumergirse en busca de serpientes letales.** Conoce a **Zoltan Takacs.**

Cuando era un niño, en Hungría, Zoltan Takacs se embarcaba en aventuras alocadas en las que perseguía serpientes y a veces incluso las llevaba a casa. Ya adulto, ha convertido a las serpientes en una parte central de su profesión. Zoltan siguió su pasión y se convirtió en científico, explorador y experto mundial en **veneno** de serpientes.

Zoltan lleva muestras de sangre de vuelta a su laboratorio de investigación, donde intenta revelar sus secretos. Usa la tecnología más reciente para analizar las sustancias dañinas de los venenos, llamadas **toxinas.** Quiere saber su potencial para producir nuevos medicamentos. Analizar el veneno es como abrir un regalo, porque Zoltan nunca sabe qué encontrará "adentro".

El veneno de cada especie es una mezcla de toxinas que afectan diferentes partes vitales del cuerpo. Algunas toxinas afectan las células nerviosas, otras afectan las células musculares y otras alteran el flujo sanguíneo. Las toxinas solo afectan sus blancos, por lo tanto, los medicamentos hechos a partir de las toxinas pueden no causar efectos colaterales no deseados.

¿Quieres aprender más sobre el emocionante trabajo de Zoltan? En la siguiente página comienza una entrevista con Zoltan.

Zoltan inspecciona una víbora en la casa de su anfitrión en Panamá.

La arteria de un paciente que tuvo un ataque al corazón está tapada. La sangre no puede fluir por ahí.

Identificar y describir el problema

National Geographic: ¿Qué te inspiró a estudiar el veneno de las serpientes?

Zoltan Takacs: Estoy fascinado con la naturaleza. Me encanta la belleza y lo desconocido, y con las serpientes encuentras las dos cosas. Desde el kindergarten he estado atrapando y conservando reptiles. Buscarlos y encontrarlos era emocionante. Descubrir cómo se alimentan, ponen huevos e hibernan fue absolutamente asombroso. En la escuela secundaria, atrapé mi primera víbora. Unos cuantos meses después, tuve que salvarle la vida a un amigo con **antídoto** después de que una serpiente lo mordiera mientras estábamos solos en las montañas atrapando serpientes. Al año siguiente, tuve mi primera mordida de serpiente, y me tuve que salvar la vida yo mismo.

¿Qué puede haber sido más interesante para un niño que explorar misterios en lugares lejanos? Tuve una magnífica educación, y aprendí a bucear y pilotar aviones como apoyo para mis búsquedas.

La sangre normal se coagula después de 20 minutos (izquierda). La sangre que se le extrae a un paciente al que mordió una serpiente pierde su capacidad de coagulación (derecha). Este efecto es dañino para las víctimas de mordeduras de serpientes pero es útil en medicina.

Una droga basada en el veneno de una víbora permite que la sangre fluya de nuevo a través de la arteria. Se le salva la vida al paciente.

En la actualidad, el objetivo principal es desarrollar nuevas drogas a partir de los venenos. Las toxinas son excelentes modelos para hacer medicamentos porque la naturaleza las ha estado perfeccionando por millones de años. Son extremadamente específicas: afectan a una sola o muy pocas partes vitales del cuerpo. Y son muy potentes: se necesita una cantidad muy pequeña para tener un efecto biológico.

NG: ¿Por qué reúnes muestras de muchas especies diferentes?

Zoltan Takacs: Los venenos se han perfeccionado a través de millones de años, en más de cien mil animales diferentes, en diferentes ecosistemas: en los bosques tropicales, en los desiertos, en la profundidad de los mares. Por lo tanto, esa diversidad produjo una gran variedad de toxinas, cada una con propiedades únicas. Una especie tiene un conjunto de toxinas totalmente diferente de otra. Diferentes toxinas significan más potencial médico.

Soluciones de diseño

National Geographic: ¿Por qué reúnes muestras de sangre en lugar de muestras de veneno?

Zoltan Takacs: Reúno veneno, pero reúno el veneno a partir de los tejidos de las serpientes. El tejido puede ser una glándula venenosa o sangre, o incluso un trozo de piel que mudó una serpiente. Todos estos tejidos contienen **ADN.** El ADN es la guía para hacer la toxina. A diferencia del "veneno ordeñado", el ADN resiste los viajes en el calor tropical.

Una vez que el ADN se ordena, la información se puede almacenar en un disco duro. Luego, se pueden usar bacterias para producir cantidades ilimitadas de la toxina original.

NG: ¿Cómo analizas las muestras?

Zoltan Takacs: Ordenamos el ADN. Cuando lo hacemos, revelamos los secretos que encierran las toxinas. Es un privilegio bastante increíble ver eso en forma directa. Luego analizamos qué le hacen las toxinas a sus blancos.

Zoltan busca las soluciones en la naturaleza. Estudia el ADN de animales venenosos, entre ellos, los escorpiones y las serpientes.

NG: ¿De qué maneras usas las destrezas en ingeniería y matemáticas en tu investigación?

Zoltan Takacs: Usamos una amplia gama de ciencias y tecnología. Debemos reconstruir las toxinas de la naturaleza en el laboratorio. Debemos alterarlas como queramos. Debemos ordenarle a las bacterias y a los virus que produzcan las toxinas para nosotros, así podemos experimentar con ellas. Debemos detectar y medir qué hacen y qué tan bien lo hacen.

Todo esto requiere conocimientos y destrezas en ciencia e ingeniería. Cuando se diseña un avión, se debe saber qué lo mantiene en el aire. Hacemos cosas similares a un nivel que es tan pequeño, que es invisible a la vista, pero posible para los científicos.

Las matemáticas están en todos lados. Medimos, calculamos, convertimos y predecimos cosas todo el tiempo. Trabajamos con números desde *nano,* o números muy pequeños, hasta llegar a *yotta,* que son números muy grandes.

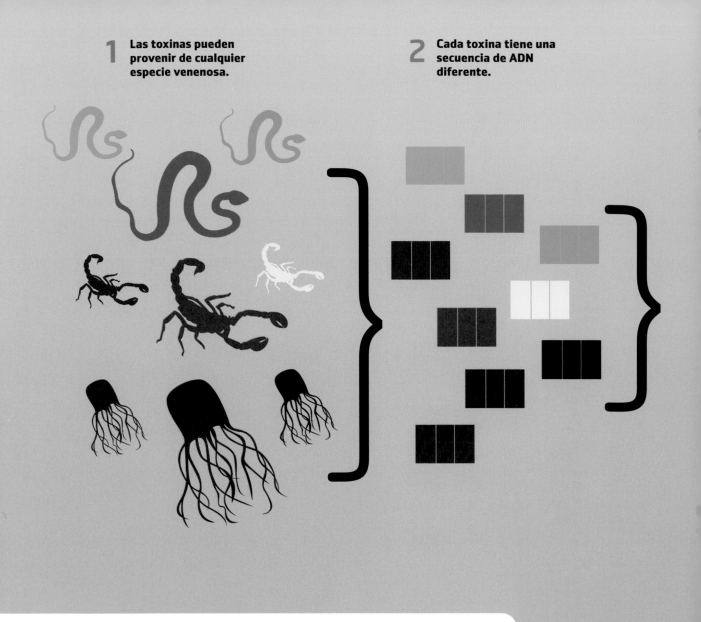

Diseñar y mejorar soluciones

National Geographic: Cuéntame sobre una nueva tecnología que estén desarrollando.

Zoltan Takacs: Tenemos 20 millones de toxinas en la naturaleza. Examinar o poner a prueba todas esas toxinas con métodos tradicionales tomaría una eternidad. Mis colegas y yo inventamos el "diseño de toxinas". Esta tecnología permite que se examinen millones de toxinas de una vez para ver cuál tiene un efecto deseable para la medicina.

No solo podemos evaluar las toxinas originales de la naturaleza, sino que podemos diseñar y examinar las variaciones de las toxinas. Por ejemplo, podemos fusionar tres toxinas de serpientes para producir una toxina artificial nueva. O podemos combinar una toxina de un escorpión, una serpiente y un caracol, y producir una toxina nueva. Con la tecnología de diseño de toxinas

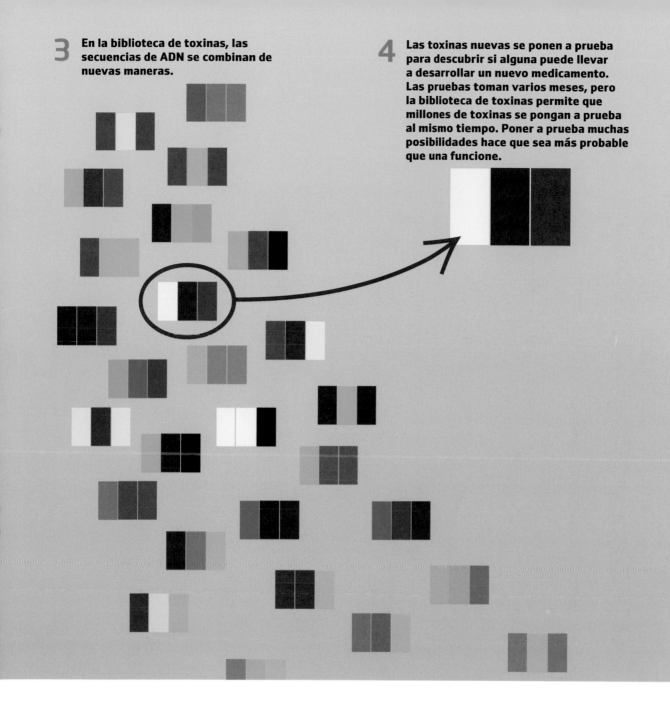

3 En la biblioteca de toxinas, las secuencias de ADN se combinan de nuevas maneras.

4 Las toxinas nuevas se ponen a prueba para descubrir si alguna puede llevar a desarrollar un nuevo medicamento. Las pruebas toman varios meses, pero la biblioteca de toxinas permite que millones de toxinas se pongan a prueba al mismo tiempo. Poner a prueba muchas posibilidades hace que sea más probable que una funcione.

hemos creado una vasta biblioteca de toxinas. Con tantas toxinas para examinar, la posibilidad de hallar la que tiene valor medicinal aumenta considerablemente.

NG: ¿Cómo han cambiado y mejorado tus ideas?

Zoltan Takacs: En la ciencia, conforme aprendemos nueva información, nuestras ideas, objetivos y métodos evolucionan constantemente. Pero el objetivo principal sigue siendo el mismo. Queremos comprender y apreciar la naturaleza. Identificamos problemas, planteamos nuevas interrogantes y usamos nuevas herramientas.

También cometemos errores. Cometer errores es perfectamente normal. En realidad puede ayudarnos, porque comprender la causa del error y cómo afectó nuestro trabajo, nos permite perfeccionar lo que sea en lo que estemos trabajando.

Zoltan observa un modelo computarizado de una nueva toxina hecha a partir de la combinación de tres toxinas de escorpión. La toxina puede llevar a desarrollar un nuevo medicamento.

Resultados

National Geographic: ¿Qué resultados han surgido de tu trabajo hasta ahora?

Zoltan Takacs: Como resultado de nuestra nueva tecnología de diseño de toxinas, podemos producir y examinar miles o millones de nuevas variaciones tóxicas para la aplicación médica. Hemos producido nuevas toxinas que parecen muy prometedoras en esta etapa. Pueden tener el potencial de tratar trastornos del sistema inmunológico, como la esclerosis múltiple, la artritis o la diabetes.

NG: ¿Cuáles son tus planes futuros en la investigación de los venenos?

Zoltan Takacs: Estamos expandiendo y perfeccionando nuestra tecnología para enfocar las toxinas a diferentes enfermedades. Hay tantas toxinas en todo el mundo que es como explorar una mina de oro. En cierta manera, estamos corriendo contra la pérdida de la **biodiversidad.** Una vez que se pierde alguna especie, podemos perder millones de años de sabiduría "natural" que encierran sus toxinas. Es decir, podemos perder una cura o un tratamiento para una enfermedad.

Toxina de escorpión mexicano

Toxina de escorpión del norte de África

Toxina de escorpión árabe

NG: ¿Qué les sugerirías a los estudiantes que están interesados en biología?

Zoltan Takacs: Que sigan sus sueños y su pasión. Deben amar lo que hacen. Obtengan una educación sólida en biología y todos los otros campos de la ciencia. No eviten las preguntas ni los problemas. Abordarlos los hará más inteligentes y estarán mejor preparados. Salgan y viajen. Observen y comprendan cómo funciona la naturaleza. Escuchen el consejo de las personas inteligentes, aunque no siempre los sigan.

Sean abiertos. Exploren cosas nuevas. Cuando estaba en la escuela secundaria, con 14 años, mis amigos y yo fuimos a Bulgaria a buscar serpientes por nuestra cuenta. Bulgaria está a dos países de mi Hungría natal. Recolectamos muchas serpientes. Todavía tengo muestras de toxinas de ese viaje.

Aprovechen por completo las herramientas de aprendizaje que tengan. Usen la tecnología para obtener imágenes de las profundidades de África o permanecer en contacto con biólogos conservacionistas de la India. En lugar de mirar televisión, salgan y filmen su propia película de una rana o una serpiente.

Compruébalo ¿Qué crees que Zoltan quiso decir con: "Estamos corriendo contra la pérdida de la biodiversidad"?

El laboratorio

Tus dolencias y padecimientos se pueden tratar con una criatura del océano, del desierto o del bosque tropical. En la **biodiversidad**, la naturaleza puede tener las claves para resolver muchos problemas de la medicina. Una gran diversidad de seres vivos de todo el planeta produce **toxinas** como ayuda para sobrevivir en su medio ambiente.

Respuestas para el dolor

Cónidos

El **veneno** de los cónidos contiene aproximadamente 100 toxinas diferentes. Una toxina que actúa en las células nerviosas está llevando a desarrollar un nuevo medicamento para el dolor. Es mil veces más fuerte que los medicamentos para el dolor actuales y no es adictivo.

MÁS SOBRE EL ANIMAL

- Los cónidos viven en hábitats de océanos tropicales de todo el mundo.

- El aguijón de los cónidos puede ser mortífero, incluso para los seres humanos.

- Los cónidos paralizan su presa. Atacan la presa con un diente cargado de veneno que disparan por un tubo largo.

- La población de cónidos está amenazada por la destrucción de su hábitat y los coleccionistas de caracoles.

del mundo

por Suzanne Sherman

Estas toxinas y otras sustancias llevan a desarrollar emocionantes nuevos tratamientos médicos. Quedarás "atónito" por estas asombrosas criaturas y los potenciales usos de sus toxinas.

Rana dardo venenoso

Una toxina de la piel de la rana dardo venenoso puede llevar a desarrollar un potente medicamento nuevo para el dolor. Una versión hecha por el hombre de la toxina promete tratar el dolor sin causar efectos colaterales no deseados.

MÁS SOBRE EL ANIMAL

- Las ranas dardo venenoso viven en los bosques tropicales de Centro y Sudamérica.

- Más de 100 especies de ranas dardo venenoso exhiben una gama de colores brillantes. Estos colores advierten a los depredadores sobre su alta toxicidad.

- Las ranas dardo venenoso macho son padres devotos. Llevan huevos y renacuajos en su espalda.

- La destrucción de los bosques tropicales ha puesto en peligro a algunas especies.

Anémona de mar

Una toxina de la anémona de mar puede ayudar a tratar la esclerosis múltiple. Las personas que padecen esclerosis múltiple comienzan lentamente a dejar de sentir sus extremidades y a perder las funciones de su cuerpo. Un nuevo medicamento basado en la toxina de la anémona de mar podría, en efecto, revertir la parálisis.

MÁS SOBRE EL ANIMAL

• Las anémonas de mar se adhieren a rocas en el fondo de los océanos con un pie adhesivo.

• Las anémonas aguijonean su presa con tentáculos llenos de veneno.

• La especie más pequeña de anémona de mar mide apenas poco más de un centímetro (aproximadamente media pulgada). La más grande mide casi dos metros (seis pies).

Murciélago común

Una toxina del murciélago podría ayudar a salvar a los pacientes que padecen apoplejía. Una toxina de la saliva del murciélago hace que la sangre de su presa fluya más fácilmente en la boca del murciélago. Una versión hecha por el hombre de la toxina disuelve los coágulos sanguíneos en las personas. Los coágulos sanguíneos pueden causar daño cerebral o muerte cuando obstruyen el flujo sanguíneo en el cerebro.

MÁS SOBRE EL ANIMAL

- El murciélago común vive en los trópicos de Norte, Centro y Sudamérica. Se alimenta de noche, principalmente de sangre de vacas y caballos.

- Los dientes del murciélago son tan afilados que su víctima casi no se despierta por la mordida.

Tarántula chilena rosada

Una toxina de la tarántula chilena rosada puede evitar que las personas mueran de ataques al corazón. Durante un ataque al corazón, este puede fibrilar o latir frenéticamente. Esto puede causar la muerte porque la sangre no llega al cuerpo. Una toxina de la tarántula chilena rosada puede evitar que las células del corazón fibrilen.

MÁS SOBRE EL ANIMAL

- La tarántula chilena rosada silvestre se alimenta de insectos en los desiertos sudamericanos.

- La tarántula chilena rosada casi nunca muerde a las personas. Los síntomas de su mordida normalmente no son peores que los de una picadura de abeja.

Cubomedusa

Una toxina de la cubomedusa puede hacer que las operaciones de trasplante riesgosas sean más seguras. La toxina de la medusa detiene temporalmente los latidos del corazón. Una vez que la toxina desaparece, el corazón late de nuevo sin daños. La toxina podría ayudar a que los corazones trasplantudos se recuperen por completo.

MÁS SOBRE EL ANIMAL

- Las cubomedusas viven principalmente en las aguas costeras del norte de Australia.

- Las cubomedusas tienen 24 ojos y no tienen cerebro central. Aún así, son cazadoras habilidosas.

- Las cubomedusas inyectan su veneno extremadamente tóxico con diminutas células de aguijoneo que tienen en los tentáculos. Los tentáculos miden hasta tres metros de largo (aproximadamente 10 pies).

Sarracenia

Una toxina de la sarracenia tropical puede llevar a desarrollar un mejor medicamento antihongos. El medicamento podría tratar el pie de atleta. También podría ayudar a prevenir infecciones que se contagian en los hospitales y matan a miles cada año.

MÁS SOBRE LA PLANTA

- La sarracenia tropical vive en hábitats de islas tropicales entre Asia y Australia.

- ¡La sarracenia tropical es una planta carnívora que se alimenta de animales confiados! Atrapa sus presas en una hoja llena de líquidos tóxicos.

- Los animales se sienten atraídos por el aroma del líquido. Caen dentro de la copa y no pueden salir. Finalmente, los líquidos de la planta los digieren.

- Muchas especies de sarracenias están en peligro de extinción debido a la destrucción de su hábitat y a la recolección.

Estrella de mar espinosa

Una sustancia en la capa viscosa de una estrella de mar espinosa podría combatir enfermedades como el asma. Las estrellas de mar no son peces; están emparentadas con los erizos de mar y el dólar de arena.

MÁS SOBRE EL ANIMAL

- La estrella de mar espinosa vive en hábitats costeros. Estos hábitats varían desde rocas expuestas hasta el lodo.

- La estrella de mar espinosa puede ser azul, verde o morada. Su nombre se debe a las espinas gruesas que la recubren.

- Como la mayoría de las estrellas de mar, a la estrella de mar espinosa le pueden volver a crecer los miembros que un depredador le ha arrancado.

Compruébalo   Describe tres problemas médicos que la naturaleza puede ayudar a resolver.

Comenta

1. ¿Por qué crees que este libro se tituló *La naturaleza tiene las respuestas*?

2. ¿Cómo ayuda la estructura de los colmillos de una víbora a que la víbora sobreviva?

3. Describe algunas maneras en las que las toxinas dañan a las personas y algunas maneras en las que ayudan a las personas.

4. ¿Cómo puede el trabajo de Zoltan llevar al desarrollo de más descubrimientos como los que se describen en "El laboratorio del mundo"?

5. ¿Qué preguntas sigues teniendo sobre el uso de toxinas para hacer medicamentos? ¿Cuál sería una buena manera de hallar más información?